페르난두 페소아의
내면보고서

슈발리에 드 파
알렉산더 서치
알바루 드 캄푸스 외

이준혁 엮고 옮김

서울 출생. 성균관대학교에서 심리학과 철학을 공부했다.
오랫동안 출판사에서 책 만드는 일과 번역일을 병행해왔다.

페르난두 페소아의 내면보고서
—
엮고 옮김 이준혁
펴낸이 이제야, 이미현
기획 김병곤
편집 이제야
디자인 방보경, 이제야
마케팅 스튜디오 이제야1호점
주소 서울시 마포구 성산동 200-341, 402호
전자우편 properbook@naver.com
—
ISBN 979-11-994712-0-7 (03870)
개정 2판 1쇄, 2025년 9월 23일
—
이 책의 판권은 지은이와 **도서출판 고유명사**에 있습니다.
양측의 서면 동의 없는 무단 전재 및 복제를 금합니다.

페르난두 페소아의
내면보고서

페르난두 페소아
이준혁 엮고 옮김

차례

기획의도 / 8km

러너스북 트랙 / 9km

작가 소개 / 10km

프롤로그 / 15km

기획의도

Curation book

고유명사의 러너스 북 <RUNNER'S BOOOK> 시리즈는 책과 달리기로 일상의 건강성을 회복하자는 모티브에서 출발되었습니다. 책은 우리의 정신을, 달리기는 우리의 신체를 건강하게 만들어 줍니다. 달리기의 정신과 철학을 바탕으로 러너스북 시리즈는 인생의 마라톤으로부터 지친 러너들에게 책이라는 휴식을 제공하기 위해 고전속에서 오랫동안 사랑받아온 작가의 문장을 선별해서 모은 큐레이션 북 시리즈입니다. 여행자들에겐 쉘터가 있고 순례자들에게는 알베르게가 있듯이 잠시 삶을 정비하고 다음 트랙으로의 도약을 준비하는 워터포인트<water point>같은 책이 되고자 합니다.

러너스북 트랙 2
Runner's Book Track 2

페르난두 페소아의 내면보고서

다중인격 문학의 선구자. 페르난두 페소아는 그의 이름 아래 수많은 이명(異名)들을 만들어내며 각기 다른 문학적 스타일과 철학을 표현한 작가로 잘 알려져 있다. 그는 '이질적인 자아들'이라는 독창적인 개념을 통해 자신의 다양한 페르소나를 창조했고, 이를 통해 독자들에게 다양한 관점과 깊은 사색을 선사한다. 이번 러너스북『페르난두 페소아의 내면보고서』에서는 페소아 전집에서 엄선한 국내에 소개되지 않은 문장들로 가득 채웠다. 작가의 글 속에 담긴 주옥같은 문장들을 엄선하여 소개하며, 그의 다층적 자아와 복잡한 사유의 세계를 간결하고도 깊이 있게 느낄 수 있는 기회를 제공한다.

작가소개

사후 발견된 이명만 75개의 이명으로 활동했던 작가 페르난두 안토니우 노게이라 페소아

페르난두 안토니우 노게이라 페소아 (1888년 6월 13일 ~1935년 11월 30일) 포르투갈의 시인, 작가, 문학 평론가, 번역가, 철학가이며 20세기 문학에서 가장 중요한 인물 중 한 명이자 포르투갈어 최고의 시인으로 손꼽힌다. 그는 영어와 프랑스어로도 글을 썼고 번역했다. 페소아는 자신의 실명뿐만 아니라 대략 75개의 다른 이름으로 많은 글을 썼다. 젊었을 적 셰익스피어, 밀턴, 포프 등의 고전파와 셸리, 바이런, 키츠, 워즈워스, 콜리지, 테니슨과 같은 낭만주의 시인들에게 많은 영향을 받았다. [1905년 리스본에 돌아온 이후에는 프랑스의 샤를 보들레르와 스테판 말라르메, 그리고 포르투갈의 시인 안테루 드 켄탈, 안토니우 고메스 레알, 세자리우 베르드, 안토니우 노브르 등에게 많은 영향을 받았으며 나중에는 W.B.예이츠, 제임스 조이스, 에즈라 파운드, T. S.엘리엇 등의 모더니즘 작가들에게도 영향을 받았다. 1차 세계 대전이 벌어지던 무렵 페소아는 출판사에 찾아가 자신의 영문시집 "성난 연주자"(이 시집은 살아생전 발간되지 못했다)를 출판하고 싶다고 했으나 거절당했다. 그러나 시집에 있던 시 중 한 편은 1920년, 권위 있는 문학 잡지 중 하나인 아테네움에 실렸으며 그 후에도 페소아는 "안티노오스"와 "서른 다섯 편의 소네트" 등의 영문시집을 발간하였다. 몇 친구들과 함께 그는 또 다시 출판사를 차렸는데, 올리시포 라는 이름의 이 출판사에서는 페소아의 영문시집 1-2와 3, 알마다 네그리오스의 "화창한 날의 발명", 안토니우 보토의 "노래들", 라울 레알의 "신격화된 소돔" 등이 발간되었다. 그러나 페소아가 잡지 "동시대"에 기고했던 "안토니우 보토와 포르투갈의 미학적 이상"이라는 논문이 "소돔의 문학"이라 알려진 논쟁을 불러일으키면서, 올리시포는 1923년에 문을 닫게 된다. 페소아는 자신을 "신비스러운 애국주의자"라고 생각했으며, 비록 군주제에 동조했으나 군주제의 부활을 반기지는 않았다. 페소아는 자기 자신을 영국 전통에 맞는 보수적인 사람이라고 표현했다. 그는 거침없는 지식인이었으며 공산주의와 사회주의와 파시즘과 가톨릭을 반대했다. 1917년과 1926년에 일어난 군사 쿠데타를 지지했으며 1928년 군사 독재를 지지하는

평론을 쓰기도 하였으나 1933년 포르투갈 제2공화국이 들어서자 정권에 환멸을 느끼고 1935년에는 살라자르와 파시즘을 비판하는 글을 썼다. 그리고 1935년 초, 프리메이슨에 대한 글을 쓴 것을 이유로 살라자르 정권에 의해 탄압을 받았다. 1935년 11월 29일 복통과 고열로 인해 병원에 실려 온 페소아는 다음과 같은 유서를 남겼다. "내일이 무엇을 가져다 줄지 나는 알지 못한다". 그는 다음 날인 30일 오후 8시 즈음 사망하였는데, 그의 나이 47세였다. 사인은 지금도 논란거리 중 하나로, 알코올 중독에 의한 간경변이나 췌장염으로 추정되고 있다. 살아생전 그는 영어로 네 권, 포르투갈어로 단 한 권의 책을 출판하였다. 그러나 그가 남기고 간 미완성 원고와 아직 출판되지 못한 글, 개요만 있는 글들이 어마어마하게 쌓여 있고 지금도 이를 정리하는 작업이 진행 중이다. 포르투갈 국립 도서관에서 1988년까지 정리한 결과만 해도 25,574 페이지에 달한다고 한다. 사후 50년이 흘러 1985년 페소아의 유골은 바스코 다 가마, 루이스 드 카몽이스 등의 포르투갈 문호들이 묻혀 있는 제로니무스 수도원으로 옮겨졌다. 그의 초상화는 포르투칼 100이스쿠두 지폐에 그려져 있다.

이명(異名)들 Pessoa's statue outside Lisbon's famous coffeehouse «A Brasileira».

페소아가 6살에 처음으로 사용했던 이명은 슈발리에 드 파였다. 페소아의 또다른 자아가 된 찰스 로버트 애넌의 이름과 더불어 그는 어린 시절 판크라시오 박사, 데이빗 머릭 등의 이명을 사용하였다. 1905년 7월, 그가 리스본 대학의 학생이었을 때는 알렉산더 서치 스본에서 탄생하였으며, 페소아가 포르투갈의 문화에 제대로 적응하기까지 사용했던 과도기의 이명을 상징했다. 1910년 10월 5일 혁명 이후의 애국적인 분위기 속에서 페소아는 알바루 드 캄푸스라는, 타비라에서 태어나고 글래시고에서 졸업한 포르투갈 해군 기사를 만들어내기에 이른다. 번역가 리처드 제니스는 페소아가 최소한 72개의 이명을 만들었다고 서술했다. 페소아 그 자신의 말에 따르면 그는 알베르투 카에이루, 알바루 드 캄푸스 그리고 히카르두 헤이스 이 세 가지 이명을 주로 사용했다. 이명들은 모두 다른 역사와 기질, 철학, 외모, 문체를 지니고 있었으며 심지어 서명까지도 달랐다고 전해진다.

14 Km

프롤로그

당신에게 태양이 있기를 그리고 비도,

비가 필요하다면.

*

꽃을 가진 사람은 신을 찾지 않는다.

*

사랑에 빠졌다는 것은

혼자 있는 일에 싫증이 났다는 것이다.

17 Km

*

삶은 내게 금빛 담배 같은 맛이지.
삶을 피우는 것 말고 내가 한 일은 없어.

*

산다는 것은 다른 사람이 되는 것이다.

19 Km

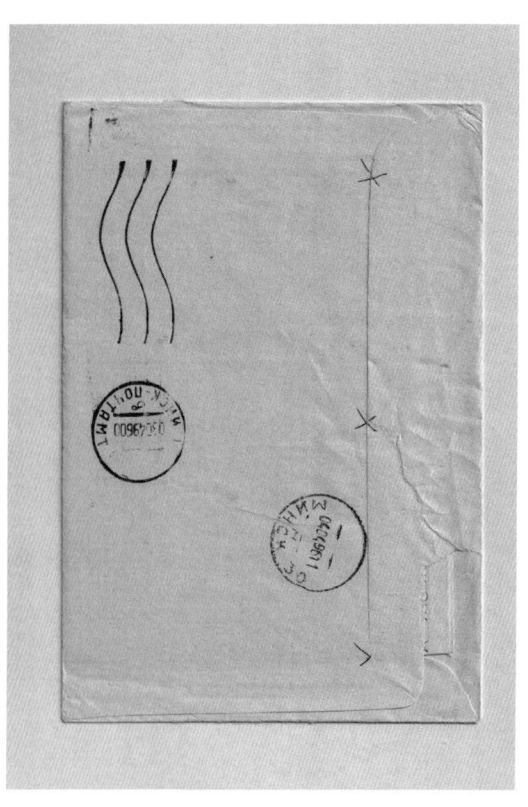

20 Km

*

세계는 그 자신의 꿈이다.

*

나는 38살이고 매년 젊어지는 것 같아요,
인생에서 아무것도 성취하지 않는 것에
매년 가까워지고 있기 때문입니다.
성취가 우리를 늙게 합니다.

23 Km

*

존재한다는 것은
자기 자신을 죽게 놔두지 않는 것이다.

*

행복해지려면,
자신이 행복하다는 것을 알아야 한다.

25 Km

*

진실의 세계는

주관과 객관의 구분을 초월한 곳에 있다.

*

현재란,

나를 잊은 사람들이 지나가는 거리일 뿐…

27 Km

내 이름은 meu nome é

슈발리에 드 파
Cavaleiro de Pas

페소아가 6살에 처음으로 사용했던 이명은 슈발리에 드 파였다.

세계는

그
　자신의
꿈이다

*

우리의 정신이
영원이나 무한을 이해할 수 있다면,
우리는 모든 것을 알게 될 것이다.
이 사실을 파악할 때까지
우리는 아무것도 알 수 없다.

31 Km

*

무지가 진정한 순수함이다.
위대한 사상가는 가장 교활한 자다.

33 Km

*

세계는 진짜가 아니지만 실재한다.

*

문법은 삶보다 완벽하다.
철자가 정치보다 중요하다.

35 Km

*

시적 영감이란 균형잡힌 망상이다.
(그러나 늘 망상이다)

*

의견이란 하나의 무례함이다.
그것이 진실되지 않았을 때도 그렇다.

38 Km

*

먼저 자유로워져라.
그다음 자유를 요구하라.

*

우월한 인간에게 걸맞은
유일한 지적인 태도는 자기자신을 제외한
모든 것에 조용하고 차가운 연민을 갖는 것이다.
이 태도는 공정이나 진실의 태도와
조금도 비슷한 구석이 없다. 하지만 이 태도는
부러워할 만한 것이므로 반드시 필요하다.

41 Km

*

공부의 유일한 이점은
다른 사람들이 떠들어대지 않는 뭔가를
즐길 수 있다는 것이다.

*

가르치지 말라.
배울 것 전부가 아직 당신 손에 있으니.

43 Km

*

철학이란 광기에 이르는 지적 명징함이다.

*

생각을 전혀 하지 않는 사람만이 간혹 결론에
도달한다. 생각하는 것은 망설이는 것이다.
행동가는 생각하는 법이 없다.

*

감정에 이끌리는 사람에게는 어떤 질문이든 답은
쉽게 내려진다.

*

잘못된 점을 이야기하라.
말하는 편이 낫기 때문이 아니라,
존재하는 편이 낫기 때문에.

49 Km

*

오직 사랑만 한다면 우리는 죽을 수 있다.

*

나는 나 자신도 기억 못하는데,

어떻게 당신을 기억할까?

51 Km

*

가족이란 친족만으로 이루어진 집단이 아니다.
여기에는 혈통의 친연성뿐 아니라
기질의 친연성도 필요하다.
천재적인 인물은 대개 가족을 갖고 있지 않다.
친족만을 가졌을 뿐이다.

53 Km

*

강인한 예술가는 자기 안에서
사랑과 연민뿐 아니라 사랑과 연민의 씨앗까지도
제거한다. 그는 인간에 대한 위대한 사랑으로
비인간적이 된다. 인간을 위한 예술을 창조하게
만드는 그 사랑으로.

55 Km

*

천재란 신이 인간을 축복할 수 있는
가장 지독한 저주다. 그 저주는 되도록 적은
신음 소리와 투덜거림을 초래해야 한다.
그 신성한 슬픔을 최대한 자각하게 하면서.

57 Km

*

우리가 세계를 창조한 것처럼 느끼는 순간부터,
우리는 신처럼 느낀다.

*

예술이란 절대에 이르고자 애쓰는 자기표현이다.

59 Km

*

내 심장은 불확실하게 뛰고 있어.

내가 느끼는 게 맞다면.

60 Km

61 Km

*

삶이라는 책의 모든 문장은,

마지막까지 읽는다면,

물음표로 끝남을 알게 될 것이다.

63 Km

*

삶이란 느낌표와 물음표 사이의 망설임이다.
혹시 모를 경우를 대비해 마침표가 있다.

*

신은 신이 던진 최고의 농담이다.

65 Km

신비는 희망을 품고 있다.

*

진보의 본질은 쇠퇴다.
진보하는 것은 죽는 것이다.
왜냐하면 사는 것은 죽는 것이니까.

67 Km

*

우리는 우리의 형제들을 혐오, 원망, 악의로
괴롭히고 나서 말한다. "세상은 썩었어."

*

악은 세상 모든 곳에 있다.
그리고 그 한 형태가 행복이다.

69 Km

*

사는 건 너무 피곤한 일이다!
다른 삶의 방법이 있기만 하다면!…

71 Km

찰스 로버트 애넌
Charles Robert Annan

내 이름은 meu nome é ─

페소아의 또다른 자아가 된 찰스 로버트 애넌의 이름과 더불어 그는 어린 시절 판크라시오 박사, 데이빗 머릭 등의 이명을 사용하였다.

현재란,

나를 잊은
사람들이 지나가는
거리일 뿐…

*

정신과 의사들은 병든 정신이 어떻게 작동하는지는 (때때로) 알지만, 건강한 정신이 어떻게 작동하는지는 알지 못한다.

75 Km

*

건강의 한 형태가 질환이다.
완벽한 인간이 존재한다면, 그는 우리가 마주칠
수 있는 가장 비정상적인 존재일 것이다.

77 Km

*

우리는 지나간 어리석음의 화신들이다.

*

인간은 다른 동물들보다 아는 것이 많지 않다.
오히려 아는 것이 적다. 다른 동물들은 자기가
뭘 알아야 하는지 안다. 우리는 그렇지 않다.

81 Km

*

만약 개가 우리처럼 (불가능한 가정이지만)
생각을 하기 시작한다면,
그 개는 다른 개들보다 더 완벽한 존재임에도
불구하고 십중팔구 죽임을 당할 것이다.
다른 개들이 그 개를 미쳤다고 생각할 테니까.

83 Km

*

나는 내 영감, 내 생각에
놀랄 만큼 두려움을 느낄 때가 있다.
나 자신이 얼마나 보잘것없는지 자각하면서.

85 Km

*

상쾌하고 생기 있게, 물은 되살린다. 내 삶을.

87 Km

*

나는 내 마음보다 내 영혼을 더 믿는다.

89 Km

*

영혼은 크고 인생은 작다.

우리는 팔이 닿는 곳까지만 닿는다.

그리고 우리는 시선이 닿는 곳까지만 본다.

91 Km

*

왜 내게 당신의 영혼을 주었나요.

난 그걸로 뭘 해야 할지 모르는데?

93 Km

*

한때 나는 사랑했고,
그들이 나를 사랑할 거라 믿었어.
하지만 나는 사랑받지 못했지.

95 Km

*

내가 사랑받지 못한 건
단 하나의 중요한 이유 때문이었어
―바로 그럴 필요가 없었다는 것.

*

이해란 사랑을 잊는 것이다.
나는 이해한 뒤에야 사랑하거나 미워할 수 있다
는 레오나르도 다빈치의 말처럼 거짓된 동시에
뜻깊은 말을 알지 못한다.

99 Km

*

우리는 누구도 사랑하지 않는다.

우리는 누군가에 대해 우리가 갖고 있는

생각을 사랑할 뿐이다.

즉, 우리가 사랑하는 건 우리 자신이다.

*

날개를 더 펼칠수록 어떻게 나는지 모른다는 것만 잘 알게 되지…

*

취기는 때로 놀랄 정도의 명료함을 가져다준다.

103 Km

*

왜 여행하는가?

마드리드, 베를린, 페르시아, 중국, 북극과 남극,

어디에 있든 나는 내 안에 있었을 뿐인데.

105 Km

*

모든 연애편지는 우스꽝스럽지
그것들이 우스꽝스럽지 않다면
연애편지가 아니야.

107 Km

*

삶이란 거대한 박람회이고
모든 것은 가판대와 곡예사에 지나지 않는다.

*

당신에게 태양이 있기를
그리고 비도, 비가 필요하다면.

109 Km

알렉산더 서치
Alexander Search

내 이름은 meu nome é

1905년 7월, 그가 리스본 대학의 학생이었을 때는 알렉산더 서치라는 이명을 사용했다. 서치는 영국 이름이었지만 리스본에서 탄생하였으며, 페소아가 포르투갈의 문화에 제대로 적응하기까지 사용했던 과도기의 이명을 상징했다.

나는
오래된 저주처럼
　　　내 마음을
　　견딘다.

*

문학은, 다른 모든 예술과 마찬가지로, 삶으로는 충분하지 않다는 고백이다.

*

사회과학이란 없다, 아니, 적어도 아직은 없다. 사회 문제란 의견에 불과하다.

*

싸움을 피하는 자는 그 싸움에서 패배하지 않는다.

그러나 윤리적으로 그는 패배했다.

싸우지 않았으므로.

*

더 많이 이해할수록 더 적게 이해받는다고 느낀다.

115 Km

*

모든 좋은 대화는 두 사람의 독백이 되어야 한다.

*

나는 오래된 저주처럼 내 마음을 견딘다.

117 Km

*

내 마음은 미쳐 버린 제독이다.
해상 임무를 내팽개쳐 버린.

*

아무도 탁자에서 들어 올리지 않는,
쓸모없이 가득 차 버린 컵처럼,
다른 사람의 고통으로 가득 찬 슬픔 없는
내 마음.

119 Km

*

내가 느낀 것이 무의미하다면,
내 마음은 왜 아픈 걸까?

*

내 몸은 나와 나 사이의 심연이다.

*

나는 가면을 벗고 거울을 보았다.
이 아이는 몇 살이지?
아무것도 변하지 않았어…

123 Km

*

시, 선함, 춤은 위대하지…
하지만 세상에서 제일 훌륭한 건
아이들이야.

125 Km

*

나는 삶에게 얻어맞아 슬픈 아이.

*

나는 더이상 내가 아니야.
나는 버려진 박물관에 보존되어 있는
나의 파편일 뿐.

126 Km

127 Km

*

나는 나와 다른 의견을 완전히 무시할 만큼
오만하지도 않고, 완전히 받아들일 만큼
겸손하지도 않다.

129 Km

*

민주주의는 모든 신화 중에 가장 어리석은 신화다.

*

나는 드넓은 사막이다.

심지어 나조차도 거기에 있는.

131 Km

알바루 드 캄푸스
Alvaro de Campos

내 이름은 meu nome é

1910년 10월 5일 혁명 이후의 애국적인 분위기 속에서 페소아는 알바루 드 캄푸스라는, 타비라에서 태어나고 글래시고에서 졸업한 포르투갈 해군 기사를 만들어내기에 이른다.

내 몸은

나와 나
사이의
심연이다.

*

내가 나 자신에게로 더 많이 내려갈수록, 나는
신에게로 더 높이 올라가지…

*

우리는 외국인이다. 우리가 어디에 있든.

135 Km

*

자신들이 불행한 줄도 모르는 이 모든 사람들의
행복이 나를 진력나게 한다.

*

척하는 것, 그것 또한 자신을 아는 것이다.

137 Km

*

좌절한 사람은 그냥 똑똑한 사람이 되기에는
너무 똑똑하고, 유능한 사람이 되기에는 충분히
똑똑하지 않은 사람이다.

139 Km

*

우리의 과거가 우리의 미래인지, 아니면 우리의 미래가 우리의 과거인지 구분하기란 어렵다.

*

천재란 온전한 정신이 만들어낸 광기다.

141 Km

*

뛰어난 시인은 그가 실제로 느낀 것을 말한다.
평균적인 시인은 느끼기로 결정한 것을 말한다.
열등한 시인은 느껴야 한다고 생각되는 것을
말한다. 이 중 어느 것도 진정성과는 무관하다.

143 Km

*

나는 내가 회피한 모든 전투에서 받은 상처를
안고 간다.

*

내 고통은 쓸모없어. 새가 없는 땅의 새장처럼.

145 Km

*

우리가 물질이라 부르는 것은
무한한 지성의 꿈에 불과하다.

*

보는 것은 앎에 대한
언제나 최고의 은유일 것이다.

147 Km

*

고도로 분석적인 정신은 오류만을 본다.
렌즈가 발달할수록 보이는 것은 더 불완전하게
나타난다. 디테일은 늘 나쁘다.

149 Km

*

그것이 어떤 믿음이든 간에 좋고 나쁨은 믿는 방식에 달려 있다. 선과 악은 믿는 사람의 마음 속에 있지, 믿음 속에 있지 않다.

151 Km

*

믿는 것은 오류를 범하는 것이다.
믿지 않는 것은 아무 쓸모도 없다.

153 Km

*

가톨릭은 만병통치약 같은 종교다.

무신론이나 자유사상이 약국의 환영인 것과

마찬가지로.

155 Km

*

죽음이란 ―
어쩌면 생리학적 관점에서도―
일종의 탄생이 아닐까?
아마도 불완전했던 것의,
완전하거나 순수한 형태로의 탄생이?

157 Km

에필로그

시인은 척하는 사람이다.
정말 감쪽같이 척하는 사람
그는 고통마저도 꾸며내지
그가 진짜로 느끼는 고통마저도.

페르난두 페소아, 1925년 2월

159 Km

히카르두 헤이스
hikaleudu heiseu

내 이름은 meu nome é ─────

페소아 그 자신의 말에 따르면 그는 알베르투 카에이루, 알바루 드 캄푸스 그리고 히카르두 헤이스 이 세 가지 이명을 주로 사용했다.

우리는
외국인이다.
우리가
어디에 있든.

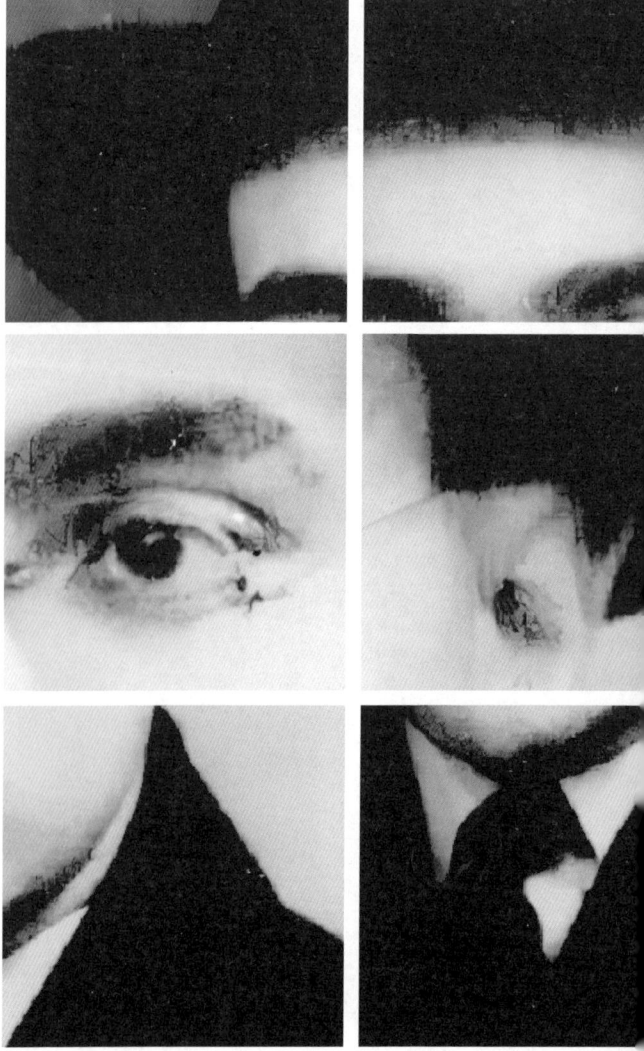

페소아가 남긴 실제 사용했던 이명들의 서명

참고문헌 References

1. Pessoa, Fernando. Obras Completas de Fernando Pessoa. Edições Ática, 1986. / 페소아의 대표적인 포르투갈어 전집으로, 주요 시와 산문을 포함.

2. Pessoa, Fernando. The Book of Disquiet. Edited by Richard Zenith, Penguin Classics, 2002. / 페소아의 가장 유명한 작품 중 하나로, 영어 번역본.

3. Pessoa, Fernando. Páginas Íntimas e de Auto-Interpretação. Edited by Georg Rudolf Lind and Jacinto do Prado Coelho, Ática, 1966. / 페소아의 자아와 철학에 대한 개인적인 기록들.

4. Pessoa, Fernando. Mensagem. Livraria Moraes, 1934. / 유일하게 그의 생전에 출간된 시집으로, 국가적 상징과 신비주의를 다룸.

5. Zenith, Richard. Pessoa: A Biography. Liveright Publishing Corporation, 2021. / 페소아의 삶과 작품 세계를 심도 있게 다룬 영문 전기.

6. Tabucchi, Antonio. The Return of Pessoa. Gallimard, 1984. / 페소아의 유산과 영향력을 탐구한 이탈리아 학자의 분석서.

7. Prado Coelho, Jacinto do. Estranha Forma de Vida: Pessoa e seu tempo. Dom Quixote, 1990. / 페소아의 시대적 배경과 관련된 포르투갈 문학 연구서.

8. Lopes, Teresa Rita. Fernando Pessoa e os Outros Eu. Ática, 1994. / 페소아의 헤테로님(heteronym) 개념에 초점을 맞춘 연구.

9. Monteiro, George. Fernando Pessoa and Nineteenth-Century Anglo-American Literature. University Press of Kentucky, 2000. / 페소아와 영미 문학 간의 상관관계 연구.

10. Cleary, John. Exploring Pessoa: Between the Lines. Oxford University Press, 2006. / 페소아의 다층적 글쓰기 방식에 대한 탐구.